i

Copyright © 2018 Spanish Cuentos
www.spanishcuentos.com
All rights reserved.
ISBN - 0991203887

Episodio 1

Vocabulario

Vive	S/he lives
Tiene	S/he has
Duermen	They sleep
Le pega	S/he hits
Abre	S/he opens
Cierra	S/he closes
De repente	Suddenly
Hace viento	It's windy
Vuela	S/he flies
Fuerte	Strong
Come	S/he eats
Le da un beso	S/he kisses
Ve	S/he sees
El lunes	Monday

A. The sentences below are false. Change each sentence to make it true.

1. Renata no es una muchacha interesante

2. Renata vive en un hotel

3. El lunes por la noche el papá y la mamá de Renata corren

4. Renata cierra los ojos y le pega al chupacabra

5. De repente, hace viento y Renata duerme

6. Renata levanta el yipao número dos y ve una piñata

7. Renata ve al chupacabra y le da un beso

B. Fill in the blank

1. Renata vive en una _____ pequeña

2. Renata _____ los ojos y _____ a la piñata

3. El lunes por la noche el papá y la mamá de Renata _____

4. Renata es una muchacha muy _____ porque come quínoa

5. Renata _____ el yipao número tres y _____ al chupacabra.

C. Look at each illustration below and read the sentences next to it. Circle the sentence that most accurately describes the illustration.

1. Renata come pollito
2. La casa pequeña vuela
3. Renata vive en una casa pequeña

1. De repente, hace viento
2. Renata levanta el yipao
3. Renata ve un perrito

1. El papá de Renata corre
2. El papá y la mamá de Renata duermen
3. Renata le pega a la piñata

1. El yipao vuela
2. Renata levanta el yipao
3. El perrito corre

1. Renata le da un beso al perrito
2. Renata levanta al perrito
3. Renata le da un beso al pollito

1. Renata está nerviosa y corre
2. Renata está nerviosa y vuela
3. Renata le da un beso a la mamá

D. Retell the following story to someone next to you:

E. Write the story illustrated above:

_____
_____
_____
_____
_____
_____
_____

F. Your teacher will describe a silly scene to you. Write what you hear.

_____
_____
_____
_____
_____
_____

G. Illustrate the silly scene below using as many details as possible:

Episodio 2

Vocabulario

Le ofrece	S/he offers
Recibe	S/he Receives
Está contento/a	S/he is happy
Huele bien	Smells good
Huele mal	Smells bad
¡Qué asco!	How disgusting!
Se ríe	S/he laughs
El martes	Tuesday

A. **Circle the correct answer.**

1. El martes por la noche el papá y la mamá de Renata ...

   A. Corren   **C.** Le pega
   B. Duermen   **D.** Levanta

2. Renata cierra los ojos y le pega a ...

   A. La flor   **C.** El papá
   B. El matador   **D.** La piñata

3. Renata abre los ojos y ve

   A. Una piñata   **C.** El papá
   B. Un matador   **D.** Popó de toro

4. El matador le ofrece

   A. Un chupacabra   **C.** Un yipao
   B. Un pollito   **D.** Una flor

5. La flor pequeña

   A. Corre   **C.** Huele bien
   B. Abre los ojos   **D.** Duerme

6. Renata _____ la flor mediana

   A. Come   **C.** Le pega
   B. Levanta   **D.** Recibe

7. La flor grande

   A. Huele bien   **C.** Le pega
   B. Levanta   **D.** Huela mal

B. Look at each illustration below and read the sentences next to it. Circle the sentence that most accurately describes the illustration.

1. Renata duerme
2. De repente, Renata corre
3. Hace viento

1. Renata ve un matador
2. Renata ve un perrito
3. Renta está nerviosa

1. El papá le ofrece una flor
2. Renata levanta la flor
3. El matador le ofrece una flor

1. La flor huele bien
2. La flor huele mal
3. La flor abre los ojos

1. El papá y la mamá de Renata duermen
2. La flor duerme
3. La flor huele a popó de toro

1. El matador se ríe
2. Renata está contenta
3. Renata levanta al matador

C. Retell the following story to someone next to you:

D. Write the story illustrated above:

_____
_____
_____
_____
_____
_____

E. Write and illustrate an original story that includes the expression: *¡Qué asco!* Use the picture below as a starting point.

F. The sentences below are false. Change each sentence to make it true.

1. El martes en la noche el papá y la mamá de Renata comen

2. El chupacabra le ofrece una flor

3. Renata vuela a México

4. La flor mediana huele mal

5. Renata le da un beso a la flor grande

6. La flor grande huele a popó de perrito

7. El matador está nervioso

G. Fill in the blank

1. Renata ve un _____ interesante

2. El matador _____ una flor pequeña

3. Renata _____ la flor

4. La flor pequeña _____

5. La flor grande _____ . Renata _____ y el matador _____

H. Your teacher will describe a silly scene to you. Write what you hear.

_____
_____
_____
_____
_____
_____
_____

I. Illustrate the silly scene below using as many details as possible:

Episodio 3

Vocabulario

El miércoles	Wednesday
Regalos	Presents
Curiosa	Curious
Está confundida	S/he is confused
<u>**Abre**</u>	S/he opens
<u>**Cierra**</u>	S/he closes

A. The sentences below are false. Change each sentence to make it true.

1. Renata abre los ojos y ve un elefante

2. Renata ve cuatro regalos

3. Renata abre el regalo grande y ve un elefante

4. Renata está nerviosa y come el regalo

5. Renta ve un bebé pequeño

6. El bebé huele bien

7. Renata está contenta

B. Fill in the blank

6. Renata abre el regalo grande y ve _____

7. Renata está_____ y cierra el regalo grande.

8. El miércoles Renata _____los ojos y le pega a la piñata

9. Renata _____el regalo mediano y ve un _____

10. El bebé _____ mal.

C. Point at the picture that is being described:

D. Retell the following story to someone next to you:

1

2

3

4

E. Write the story illustrated above:

_____
_____
_____
_____
_____
_____
_____

F. Your teacher will describe a silly scene to you. Write what you hear.

_____

_____

_____

_____

_____

_____

G. Illustrate the silly scene below using as many details as possible:

H. Circle the correct answer.

1. Renata abre los ojos y ve …

    A. El parque   C. Un pollito
    B. La mamá   D. Un bebé enorme

2. En el parque Renata ve tres …

    A. Pollitos   C. Regalos
    B. Chupacabra   D. Yipaos

3. Renata abre el regalo grande y ve …

    A. Un ratón   C. Vuela
    B. Un perrito   D. Un bebé

4. Renata abre el regalo mediano y ve

    A. Una serpiente   C. Un bebé
    B. La piñata   D. Un ucumar

5. Renata está nerviosa y _____ el regalo mediano

    A. Hace viento   C. Come
    B. Ve   D. Cierra

6. Renata _____ el regalo pequeño y ve un bebé enorme

    A. Le pega   C. Cierra
    B. Abre   D. Fuerte

7. El bebé enorme

    A. Está contento   C. Huele mal
    B. Come quínoa   D. Le pega a Renata

Episodio 4

Vocabulario

El jueves	Thursday
Tira	S/he throws
Llora	S/he cries
La cabeza	The head
El pie	The foot

A. Answer the following questions:

Qué	What
Por qué	Why
Quién	Who
Dónde	Where

1. ¿Qué animales ve Renata en el zoológico?
2. ¿Quién tira la manzana?
3. ¿Por qué está furiosa Renata?
4. ¿Quién tira el coco?
5. ¿Dónde le pega el televisor a Renata?
6. ¿Quién tira el refrigerador?
7. ¿Por qué está furiosa la mamá capibara?
8. ¿Quién levanta dos elefantes?

B. Fill in the blank

1. El (day) _____ por la noche
2. Renata cierra los ojos y le pega a _____
3. El papá y la mamá de Renata _____
4. De repente, _____ y Renata vuela
5. Renata abre los ojos y ve _____
6. El capibara bebé ve a Renata y tiene una _____
7. El capibara tira una_____ y le pega a Renata en _____
8. El refrigerador _____ al capibara bebé en el _____
9. La mamá capibara _____ dos elefantes
10. Renata está nerviosa y _____

C. Circle the correct answer

1. Renata abre los ojos y ve ...

    A. Un gorila
    B. El zoológico
    C. Tres regalos
    D. Una serpiente

2. En el zoológico Renata ve un ...

    A. Perrito
    B. Chupacabra
    C. Pollito
    D. Capibara bebé

3. El capibara bebé ve a Renata y ...

    A. Tiene una idea
    B. Come manzana
    C. Tira un refrigerador
    D. Levanta un elefante

4. La manzana le pega a Renata en

    A. Los ojos
    B. El píe
    C. La cabeza
    D. El estómago

5. Renata tira _____

    A. Un coco y un refrigerador
    B. Una manzana y popó
    C. Un televisor y un refrigerador
    D. Un elefante y un pollito

6. El refrigerador le pega en el pie y el capibara bebé _____

    A. Corre
    B. Levanta
    C. Escapa
    D. Llora

7. La mamá capibara levanta dos

    A. Yipaos
    B. Muchachas
    C. Elefantes
    D. Regalos

D. Retell the following story to someone next to you:

1

2

3

4

E. Write the story illustrated above:

_____
_____
_____
_____
_____
_____
_____
_____

F. Write and illustrate an original story that includes these structures: ***Tira*** **and** ***Le pega*****. Use the picture below as a starting point.**

1

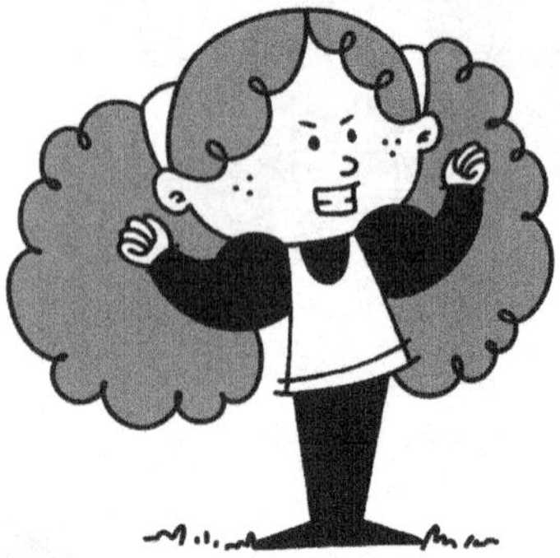

2

3

4

G. Your teacher will describe a silly scene to you. Write what you hear.

_____

_____

_____

_____

_____

_____

H. Illustrate the silly scene below using as many details as possible:

Episodio 5

Vocabulario

El viernes	Friday
No le gusta	S/he doesn't like
Salta	S/he jumps
Aplasta	S/he smashes

A. The sentences below are false. Change each sentence to make it true.

1. Renata abre los ojos y le pega a la piñata

2. Renata ve una manzana

3. La flor huele bien

4. Renata salta y aplasta el televisor

5. Renata aplasta tres flores

6. A Renata le gusta la flor

7. Renata levanta al luchador

B. Fill in the blank

1. Renata vuela mágicamente a _____

2. Las flores huelen_____

3. A Renata no _____ las flores

4. Renata _____ y aplasta las flores

5. El luchador levanta y _____ a Renata

C. Look at each illustration below and read the sentences next to it. Circle the sentence that most accurately describes the illustration.

1. Renata duerme

2. El papá y la mamá duermen

3. El papá y la mamá comen

1. Renata vuela

2. Renata salta

3. Renata está nerviosa

1. La flor grande huele bien

2. Renata levanta la flor grande

3. Renata ve una flor grande

1. A Renata no le gusta la flor

2. A Renata le gusta la flor

3. Renata llora

1. Renata levanta

2. Renata salta

3. Renata duerme

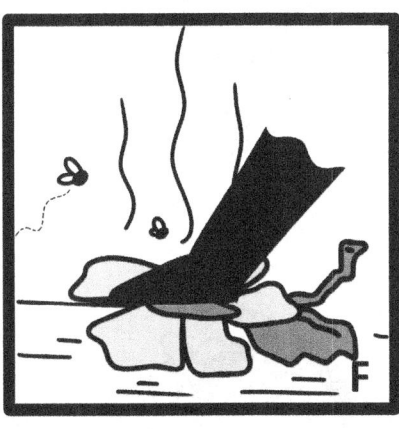

1. Come la flor

2. Levanta la flor

3. Aplasta la flor

D. Point at the picture that is being described:

E. Retell the following story:

F. Write the story illustrated above:

_____
_____
_____
_____
_____
_____
_____

G. Write and illustrate an original story that includes these structures: *Salta* and *Aplasta*. Use the picture below as a starting point.

H. Your teacher will describe a silly scene to you. Write what you hear.

_____

_____

_____

_____

_____

_____

I. Illustrate the silly scene below using as many details as possible:

Episodio 6

Vocabulario

El sábado	Saturday
Lee	S/he reads
Sale	S/he comes out
Tiene miedo	S/he is scared

A. Order the following sentences in chronological order:

___Renata está nerviosa y cierra el libro

___Renata está nerviosa, tiene mucho miedo, cierra el libro y corre

___Renata abre un libro de animales de Guatemala

___De repente hace viento y Renata vuela

___Renata está nerviosa y cierra el libro

___En la biblioteca ve muchos libros

___Renata cierra los ojos y le pega a la piñata

___Renata abre el libro de historia de Guatemala

___Renata lee el libro, pero de repente, sale un jaguar enorme

___Renata lee el libro, pero de repente, sale la llorona

___Renata lee el libro, pero de repente, sale un quetzal

___El sábado en la noche el papá y la mamá de Renata duermen

___Renata abre los ojos y ve una biblioteca

___Renata abre el libro de leyendas

B. Write three or four sentences describing the picture below:

_____

_____

_____

_____

_____

_____

C. Point at the picture that is being described:

D. Look at the first and last pictures below. Complete the story with some original illustrations.

E. Write the story which you just illustrated

F. Circle the correct answer

1. Renata abre los ojos y ve …

   A. Una biblioteca
   B. El zoológico
   C. Un yipao
   D. Un perrito

2. En la biblioteca Renata ve muchos …

   A. Perritos
   B. Manzanas
   C. Pollitos
   D. Libros

3. Renata es una muchacha muy curiosa y …

   A. Come el libro
   B. Cierra el libro
   C. Lee el libro
   D. Levanta el libro

4. Renata lee un libro de historia de Guatemala y de repente….

   A. Sale un quetzal
   B. Le pega a un quetzal
   C. Tira un quetzal
   D. Aplasta un quetzal

5. Renata está nerviosa y …..

   A. Ve un pollito
   B. Come manzana
   C. Cierra el libro
   D. Salta y aplasta la flor

6. Renata lee un libro de leyendas y de repente ……

   A. Sale una anaconda enrome
   B. Sale la llorona
   C. Sale un gorila
   D. Sale un luchador

7. Renata tiene mucho miedo, cierra el libro y

   A. Salta
   B. Tira
   C. Corre
   D. Abre

Episodio 7

Vocabulario

El domingo	Sunday
Tiene hambre	S/he hungry
Busca	S/he looks for
Encuentra	S/he finds
No encuentra	S/he doesn't find
Va a	S/he goes to
Ordena	S/he orders

A. The sentences below are false. Change each sentence to make it true.

1. El lunes en la noche Renata tiene hambre

2. Renata va al dormitorio y busca queso

3. Renata busca queso, churros y tomate

4. Renata encuentra chocolate en el refrigerador

5. Renata busca un restaurante argentino

6. Renata no lee el menú

7. Renata ordena una pizza enorme

B. Fill in the blank

1. Renata va al refrigerador y_____ queso

2. Renata no _____ queso en el refrigerador

3. Renata _____ churros, pero _____ churros

4. Renata abre los ojos y ve una _____ muy grande

5. Renata _____ un avestruz

C. Look at each illustration below and read the sentences next to it. Circle the sentence that most accurately describes the illustration.

1. La mamá le pega al papá

2. El papá le da un beso a la mamá

3. El papá y la mamá de Renata duermen

1. Renata busca chocolate

2. Renata aplasta chocolate

3. Renata come chocolate

1. El papá de Renata corre

2. Renata no encuentra chocolate

3. El chocolate huele mal

1. Renata salta

2. Renata levanta la piñata

3. Renata le pega a la piñata

1. Renata le da un beso al perrito

2. Renata ve una ciudad

3. La ciudad huele bien

1. Renata tiene hambre

2. Renata busca churros

3. Renata lee un libro

D. Retell the following story to someone next to you:

E. Write the story illustrated above:

_____
_____
_____
_____
_____
_____

F. Retell the following story to someone next to you:

G. Write the story illustrated above:

_____
_____
_____
_____
_____
_____
_____
_____
_____
_____
_____
_____
_____
_____

Episodio 8

Vocabulario

Alto/a	Tall
Flaco/a	Thin
Gordo/a	Fat
Está aburrida	S/he is bored
Sube	S/he goes up
Baja	S/he goes down
Baila	S/he dances
Llueve	It rains
Nieva	It snows
Hace frío	It's cold
Hace calor	It's hot
Hace sol	It's sunny
Inodoro	Toilet
Oso	Bear

A. **Answer the following questions:**

Qué	What
Por qué	Why
Quién	Who
Dónde	Where

1. Renata abre los ojos y ve....

2. ¿Quién sube las montañas?

3. ¿Quién baja las montañas?

4. *¿Qué tiempo hace*[1] en la montaña flaca?

5. *¿Qué tiempo hace* en la montaña gorda?

6. ¿Dónde ve Renata al oso de anteojos?

7. ¿Por qué está furioso el oso?

8. ¿Quién levanta los inodoros?

B. **Fill in the blank**

1. Un día Renata está _____

2. Renata cierra los ojos y_____

3. Renata abre los ojos y ve tres _____

4. En la montaña flaca hace _____ y hace_____

5. El pingüino _____

6. En la montaña gorda hace _____ y _____

7. Renata es una muchacha muy curiosa y _____ la montaña alta

8. En la montaña alta hace _____ y _____

9. En la montaña alta Renata ve un _____

10. El oso levanta dos _____

1. ¿Qué tiempo hace? – What's the weather like?

C. Circle the correct answer

1. Renata es una muchacha muy …

   A. Furiosa   **C.** Curiosa
   B. Fabulosa   **D.** Famosa

2. Renata está confundida y _____ la montaña flaca

   A. Baja   **C.** Chupacabra
   B. Baila   **D.** Aplasta

3. En la montaña flaca hace sol y…

   A. Nieva   **C.** Hace frío
   B. Llueve   **D.** Hace calor

4. En la montaña gorda llueve y

   A. Hace viento   **C.** Hace calor
   B. Nieve   **D.** Hace frío

5. En la montaña gorda Renata ve un _____

   A. Un oso   **C.** Un matador
   B. Pingüino   **D.** Un bebé

6. Al oso bebé no le gustan los

   A. Pollitos   **C.** Besos
   B. Regalos   **D.** Perritos

7. El oso _____ los inodoros

   A. Come   **C.** Le ofrece
   B. Tira   **D.** Recibe

D. Retell the following story to someone next to you:

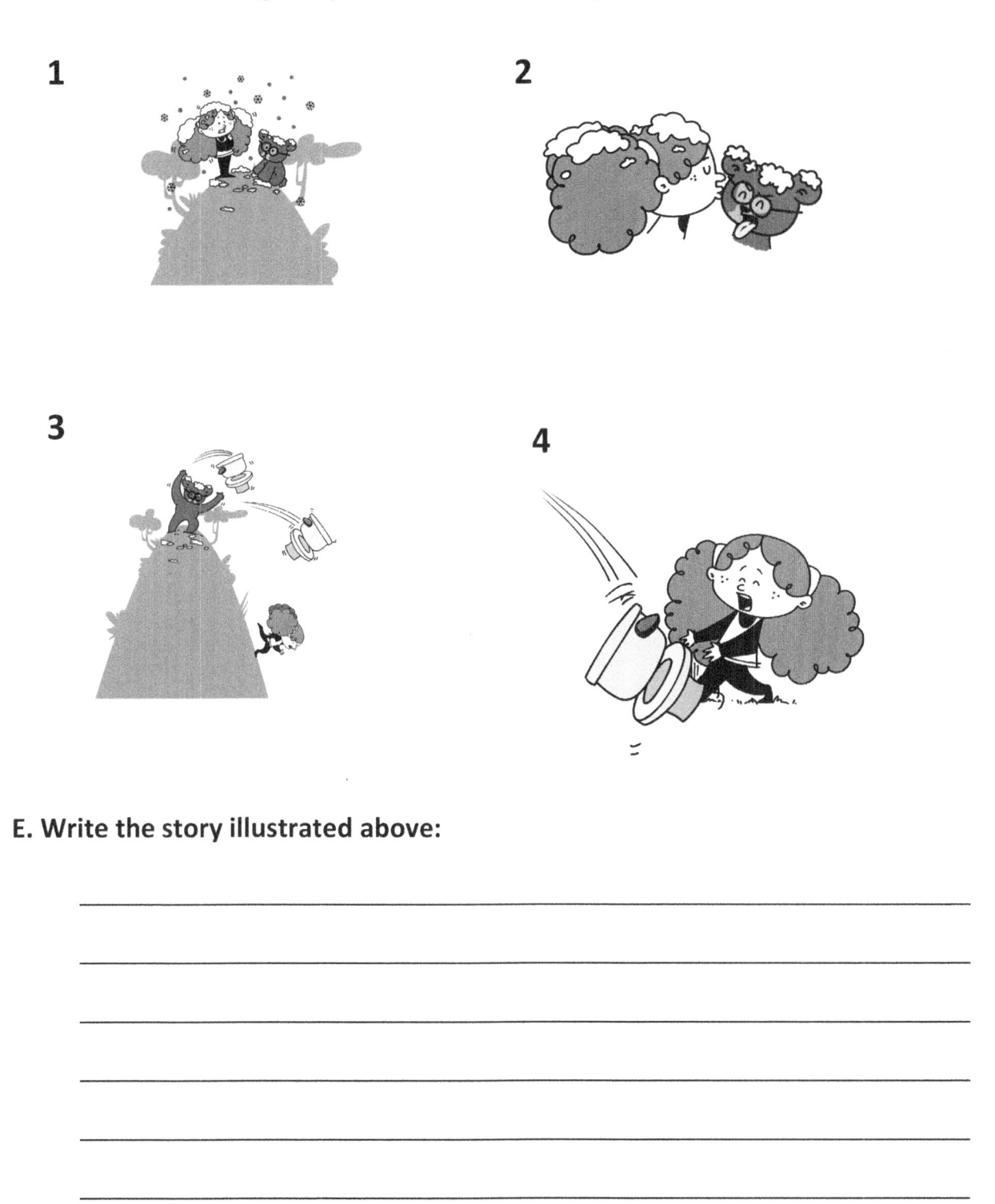

1
2

3
4

E. Write the story illustrated above:

_____
_____
_____
_____
_____
_____
_____
_____

F. Write and illustrate an original story that includes these structures: *Sube* and *Baja*. Use the picture below as a starting point.

G. Your teacher will describe a silly scene to you. Write what you hear.

_____

_____

_____

_____

_____

_____

_____

H. Illustrate the silly scene below using as many details as possible:

Episodio 9

Vocabulario

Se hunde	It sinks
Flota	It floats
Quiere comer	S/he wants to eat
La playa	The beach
El pulpo	The octopus

A. The sentences below are false. Change each sentence to make it true.

1. Renata va a Cancún, México

2. Renata está aburrida y busca una roca.

3. La roca flota

4. La pelota de fútbol se hunde

5. Un pulpo sale y no está furioso

6. El pulpo aplasta los objetos

7. El Chef quiere darle un beso al pulpo

B. Fill in the blank

1. Renata tira una moneda al agua. La moneda _____

2. Renata _____ un lápiz. El lápiz _____

3. De repente sale un _____ y está furioso

4. El chef _____ pulpo

5. El pulpo _____ y escapa.

C. Point at the picture that is being described:

D. Retell the following story:

E. Write the story illustrated above:

_____
_____
_____
_____
_____
_____
_____
_____
_____
_____

F. Circle the correct answer.

1. Renata va a ...

   A. Galicia   C. Venezuela
   B. Texas   D. Alaska

2. En Galicia Renata va a ...

   A. Chicago   C. La playa
   B. El desierto   D. La jungla

3. Renata tira una roca y _____ en el agua

   A. Flota   **C.** Vuela
   B. Salta   **D.** Se hunde

4. Renata tira un lápiz y _____ en el agua

   A. Flota   **C.** Recibe
   B. Baila   **D.** Le da un beso

5. De repente, sale un _____ del océano

   A. Pollito   **C.** Pulpo
   B. Chef   **D.** Toro

6. El chef _____ pulpo

   A. Quiere bailar   **C.** Quiere saltar
   B. Quiere comer   **D.** Quiere aplastar

7. El pulpo corre y

   A. Recibe   **C.** Escapa
   B. Le da un beso   **D.** Levanta

G. Your teacher will describe a silly scene to you. Write what you hear.

_____
_____
_____
_____
_____
_____
_____

H. Illustrate the silly scene below using as many details as possible:

Episodio 10

Vocabulario

Prende	S/he turns on
Apaga	S/he turns off
Se esconde	S/he hides
Otra vez	Again
Calavera	Skull

A. True or False.

1. _____ La mamá de Renata come libros

2. _____ Renata apaga la luz

3. _____ Renata se esconde en el refrigerador

4. _____ La mamá apaga la luz

5. _____ Renata ve un fantasma en el closet

B. The sentences below are false. Change each sentence to make it true.

1. La mamá de Renata lee el menú

2. Renata prende la luz

3. Renata duerme en el clóset

4. La mamá está contenta

5. Renata prende la luz otra vez

6. Renata salta en el clóset otra vez

7. De repente, Renata ve la llorona.

C. Look at the two pictures below & complete the story with original illustrations. Narrate the story in Spanish.

D. Point at the picture that is being described:

Qué	What
Por qué	Why
Quién	Who
Dónde	Where

E. Answer the following questions:

1. ¿Quién lee?

2. ¿Quién apaga la luz?

3. ¿Por qué está furiosa la mamá?

4. *¿Quién prende la luz?*

5. *¿Dónde se esconde Renata?*

6. ¿Por qué Renata tiene miedo?

7. ¿Qué ve Renata en el clóset?

8. ¿Es una calavera real?

F. Fill in the blank

1. Una noche la mamá de Renata _____

2. Renata ve a la mamá y tiene una_____

3. Renata _____ la luz

4. Renata _____ en el clóset

5. Renata apaga la luz _____ *(again)*

6. En el clóset Renata ve una _____

7. Renata _____ y corre

G. Retell the following story to someone next to you:

1	2	3
4	5	6

H. Write the story illustrated above:

_____

_____

_____

_____

_____

_____

_____

_____

_____

_____

_____

_____

Episodio 11

Vocabulario

Se choca	S/he crashes into
Muere	S/he dies
No muere	S/he doesn't die
Vive	S/he lives
Ventana	Window

A. The sentences below are false. Change each sentence to make it true.

1. La gata se llama Selena

2. En febrero Frida se choca con un tanque

3. En junio Frida se choca con un carro

4. Frida muere

5. En agosto Frida se choca con un bus

6. Renata está preocupada y abre la ventana

7. Los gatos tienen 8 vidas

B. Fill in the blank

1. La gata de Renata se llama _____

2. En junio Frida escapa otra vez y se choca con un _____

3. Frida no muere. Frida _____

4. El tanque _____ a Frida

5. Renata _____ la ventana

C. Look at each illustration below and read the sentences next to it. Circle the sentence that most accurately describes the illustration.

1. Renata tiene una gata

2. Renata le da un beso a la gata

3. La gata huele mal

1. Frida corre

2. Frida come pollitos

3. Frida es muy loca

1. Frida está contenta

2. Frida abre la ventana

3. Renata cierra la ventana

1. Frida se choca con el carro

2. Frida apaga el carro

3. Frida tira el carro

1. Renata le da un beso al perrito

2. Renata levanta al perrito

3. El carro aplasta a Frida

1. Frida no muere. Frida vive

2. Renata se hunde

3. Hace calor

D. Retell the following story:

E. Write the story illustrated above:

_____
_____
_____
_____
_____
_____

F. Point at the picture that is being described:

Episodio 12

Vocabulario

Quiere	S/he wants
Novio	Boyfriend
Nuevo	New
Soy	I am
Mucho gusto	Nice to meet you
Encantado	It's a pleasure
Está sucio	S/he is dirty

A. **Circle the correct answer.**

1. Renata no tiene un...

   C. Gato
   D. Piñata
   C. Novio
   D. Yipao

2. Renata quiere un ...

   C. Novio
   D. Moto
   C. Bus
   D. Regalo

3. Renata abre los ojos y ve tres

   C. Piñatas grandes
   D. Muchachos nuevos
   C. Chupacabras
   D. Regalos pequeños

4. Renta dice....

   C. El silbón
   D. Un pollito
   C. Encantado
   D. Mucho gusto

5. A Renata _____ el muchacho gordo y fuerte

   C. Corre
   D. Prende y apaga
   C. Le gusta
   D. Le pega

6. A Renata no le gusta el muchacho...

   C. Gordo y fuerte
   D. Pequeño y flaco
   C. Alto y gordo
   D. Flaco y alto

7. Renata escapa de....

   A. La casa
   B. La escuela
   C. El hotel
   D. El restaurante

72

B. The sentences below are false. Change each sentence to make it true.

1. Renata tiene novio

2. Renata encuentra un novio

3. Renata busca un amigo

4. Rodrigo huele bien

5. El muchacho flaco y alto responde "Hola Renata"

6. A Renata le gusta el muchacho alto y flaco

7. Renata está nerviosa y le pega al Silbón

C. Fill in the blank

1. Hola mucho gusto, _____ Renata

2. Soy Carlos, _____

3. Carlos huele _____

4. Renata _____ un novio

5. Renata _____ y escapa de la escuela

D. Look at the first and last pictures below. Complete the story with some original illustrations.

E. Write the story which you just illustrated

C. Complete the conversation bubbles:

Notas:

Made in the USA
Monee, IL
12 July 2025